Andreas Kleingrothe

Eindrückliches

aus Drucksvermögen

Andreas Kleingrothe

Eindrückliches
aus Drucksvermögen

Impressum

Bibliografische Information der Deutschen Nationalbibliothek:
Die Deutsche Nationalbibliothek verzeichnet diese Publikation in der Deutschen Nationalbibliografie; detaillierte bibliografische Daten sind im Internet über http://dnb.dnb.de abrufbar.

© 2023 Andreas Kleingrothe

Herstellung und Verlag: BoD – Books on Demand, Norderstedt

ISBN: 978-3734712944

Die Zeit des Reimes

Die Zeit des Reimes sei vorbei,
So schrieb mir der Verleger.
Im Jahre '22 sei
Das echt kein Straßenfeger.

Mein Ansatz sei drum schlecht getimet,
Der Zeitgeist schlicht dagegen.
Gedichte gern, nur ungereimt,
Die könne man verlegen.

Ganz unverlegen unverlegt
Werd' ich den Reimstock ausbau'n
Und, wenn sein Stündchen wieder schlägt,
Gleich zwanzig Bände raushau'n.

Perfekte Hilfskraft

Ich sitz am Schreibtisch und frohlock,
Dass unter mir im 0. Stock
Mein Saugroboter Staub in sich hineinwühlt.
Perfekte Hilfskraft: Derart tot,
Dass Sklaverei sich nicht verbot,
Doch so belebt, dass man sich nicht allein fühlt.

Mittelmäßige Lösungsstrategie

Im Streitfall für wichtigen Kitt hält
So mancher die Diplomatie.
Doch fürcht' ich, wer immer ver*mittel*t,
Be*seit*igt die Dinge ja nie.

Nur ich darf das

So leicht's mir fällt, mit viel Passion
Die, die ich lieb, zu kritisieren,
So schnell werd' ich ihr Schutzpatron,
Wenn fremde Leute es riskieren.

Unterrichtsbeginn

Ein aufgeweckter Geist gilt dem als Tugend,
Der junge Menschen lehrt in einem Fach.
Herbeigegeistert kommt die Heftlings-Jugend,
Jäh aufgeweckt – doch lange noch nicht wach.

Einsicht

Einst prahlte ich, dass alle Meere
Ich locker schwimmend überquere.
Bald sah ich, das ist schon ein Stück –
Da ruderte ich rasch zurück.

Ich ziehe meinen Hut vor dir

Ich ziehe meinen Hut vor dir
Noch tiefer ins Gesicht.
Bin staunend dankbar, bist du hier,
Bemerkst mich aber nicht.

Schwein gehabt

Was du, Fremder, zu erzählen
Hast, das sah ich schon von fern
Farblos flimmern. Unsre Seelen
Sind vielleicht vom selben Stern.

Etwas sagt mir, Sonnenstrahlen
Sind für dich ein seltnes Glück.
Lass sie zu! Du musst nichts zahlen,
Niemand fordert sie zurück.

Sehr attraktiv

Ach Welt, du und ich sind heut sehr attraktiv,
Das Glück schickt uns einen sehr offenen Brief.
Herein, frische Luft, und heraus mit dem Mief!
Ich fühle mich heute ganz atmungsaktiv!

Die schönste Freude

Es stimmt! Es stimmt mich polyphon,
Es stimmt in mir ein Lied an,
Das Glück der Antizipation,
Mich vorzufreuen freut mich schon,
Zu wissen, es geschieht dann!

Wie quirlig ich kein Päuschen kenn,
Wenn Schönes spürbar nah ist.
Lach mir ins Siegerfäustchen, denn
Ich bin schon aus dem Häuschen, wenn
Vorm Häuschen noch nichts da ist.

Pläne

Sehr trickreich: Wir schmieden uns Pläne zusammen,
Die so schlechter Handwerkskunst immer entstammen,
Dass kurz nach der Glut und zufriedenem Draufsehen
Sie aufgehen.

Weiß man doch

Und das soll im Ernst dein Appell an Vernunft sein,
„Wir sind hier doch alles erwachsene Leute"?!
Man weiß doch, grad die ohne Jungsein im Sprungbein
Sind hirnlosen Wahnsinns meist fetteste Beute.

Royaler Stammbaum

Hier, Archie,
Schau: Diese Gespenster,
Diese verkrunkelte Handvoll
Cousonkel, Schwüstern und Tantinen
Baumeln über dir in der Krone.
Weil sie nicht gestorben sind,
Leben sie noch heute.
Alle, alle anderen
Hocken unter dir
Im Schatten und
Spielen Schach.

Alle mal herhören

Mancher, der liebt, scheut das Outing;
Liebe, die heimlich noch blieb.
Ich mach das Shout-it-out-loud-Ding:
Dich hab ich unheimlich lieb!

Eugen-Roth-Gedicht auf den Winter 2022

Ein Mensch, dem man besorgt verriet,
Aufgrund des Kriegs im Kriegsgebiet
Und knapper Öl- und Gasfüllstände
Und überhaupt Ressourcenende
Sei winters wohl von kalten Zehen
Und hohen Preisen auszugehen,
Beschaffte sich zu Wärmezwecken
Nicht etwa ein paar dicke Decken –
Der Mensch, der erntete, nie säte,
Bestellte online Heizgeräte.

Gott und der Gesang der Gemeinde

„Danke für diesen guten Morgen…"
    Gerne! Mir stand der Sinn nach Licht.

„…Danke für jeden neuen Tag."
    Bitte! Nur einer lohnte nicht.

„…Danke, dass ich all meine Sorgen…"
    …aushalt'? Das ist des Frommen Pflicht!

„…auf dich werfen maaaag."
    Wait…what!?

Generationen

Sie können noch so klagen,
Drauf pochen, sich empören:
Die Alten untersagen,
Die Jungen überhören.

Gespräch unter vier Augen

Das Kind, von Eltern einbestellt
(„Gespräch unter vier Augen"),
Denkt grummelnd: Wer sich so verzählt,
Kann elterlich nichts taugen.

Es weiß noch nicht, die beiden sind
In Mathe ohne Lücken.
Sie planen längst, beim lieben Kind
Je eines zuzudrücken.

Ziemlich einsam

Draußen
In der Ferne
Hinterm Feld
Guckt ein Turm
Aus dem Wald heraus
Wie ich aus meinem Fenster –
Huhu.

Und der Mensch heißt Verbraucher

Wir nennen die Menschen „Verbraucher" und stutzen,
Wenn folglich sie das, was sie finden, benutzen
Und, bis nichts mehr ist außer Ödnis und Rauchen,
Verbrauchen.

22.09., 17:40 Uhr

Den Sommer ziehen lassen, dieses krasse Weh
Schmerzt derbst.
Der in der Tasse ziehngelassne Blasentee
Schmeckt herbst.

Tun

„Es tut sich nichts", so klagst du jäh,
Doch so wie ich die Sache seh,
Ist „tun" kein reflexives Verb.
Dass du nichts tust, ist der Verderb.

Beachtliche Entwicklung

Des Stürmers Entwicklung verblüfft unbestritten,
Experten bekunden Respekt.
In kurzer Karriere mehr Stadien durchschritten
Als jedes adulte Insekt.

Die Lust des Asketen

Heut Morgen nach dem Schlafen war ich joggen,
Aß Müsli mit Quinoa, Hafer, Roggen,
Aus Fitness war mein Lunchsalat mit Feigen.
Mit Chips werd ich heut in die Kiste steigen.

Hotelpool

Die ganz Einfachen
Belegen wie besessen
Vorab-betuchend
Die freien Stellen.

Die Besitzenden,
Betuchten bestellen
Die Liegen freilich
Ganz einfach vorab.

Gesichter

Die Natur kann, wie ich finde,
Spannendste Gesichter bilden:
Herbstgewölk, verzerrt im Winde,
Wird zur Fratze eines Wilden,

Vogeldreck und Hundehaufen,
Morscher Ast und Maulwurfskrater –
Eine Viertelstunde laufen
Zeigt mir mehr als ein Theater.

Manchmal kreuzen echte Leute
Meinen Weg, bizarr, fremd, stumm,
Zeigen: Was ich denk und deute,
Funktioniert auch andersrum.

Ausmisten (gescheitert)

Die Jeans hier mit dem breiten Loch,
Ich glaube, die behalt ich noch.
Wenn einer umzieht, trag ich keine feine!
Und sind die Leggins auch zu klein,
Sie liefen schon vor Jahren ein,
Wer weiß – bei manchen schrumpfen ja die Beine!

Dies Teil hier ist schon aufgeraut
Am Po, doch lass ich's hier verstaut,
Es kann ja sein, man setzt sich mal auf Steine.
Und schau mal diese Weste schnell:
Kaputt, doch für ein Festival,
Wenn's kühl ist, wär' sie praktischer als keine.

Die Jacke hier ist unbenutzt,
Ist heil und gänzlich unbeschmutzt,
Es ist nur nie das Wetter, sie zu tragen.
Doch wenn bei 13 Grad und Regen
Wir joggend uns am Meer bewegen,
Was zög ich andres an an solchen Tagen?

Der Pulli hier ist Kinderkram,

Den ich mal mit vom Flohmarkt nahm,

Er könnt was sein für eine Motto-Fete.

Dies rote T-Shirt trag ich nie,

Ich glaub nur, es wär irgendwie

Perfekt fürs Kleckern, isst man Rote Beete.

Anders leben

Fortan will ich anders leben,
Will mein Bestes nicht mehr geben,
Sondern es behalten.
Reib mich nicht mehr auf für Firmen,
Sondern unter Sonnenschirmen
Ein und lach mir Falten.

Jetzt unbedingt dranbleiben!

Peter Lustig würde heute
Kein Programmchef halten,
Bat er doch am Schluss die Leute
Endlich abzuschalten.

Eingezogen

Ich wollte mich vergrößern, suchte mir ein neues Haus,
Wurd fündig, sieben Zimmer, großer Garten – Ich zog aus,
Zog ein und saß im riesigsten der Räume wie versteinert.
Die Bleibe war vergrößert zwar, doch ich war ganz verkleinert.

Vorabreden

Komm, lass uns wie immer davon schwadronieren,
Wir müssten einander mal wieder besuchen,
Schön Kaffee und Kuchen,
Nur heut noch nichts buchen,
Lass bald uns mal telefonieren!

Da passt ganz bestimmt was, ganz sicher, auf jeden!
Wir kriegen das hin, lass uns sprechen, die Tage!
Wir lassen die Lage
Schön offen und vage.
Verabreden kommt halt von reden.

Rückhalt oder Hinterhalt

Du denkst, sie stünden hinter dir?
Gib Acht und ihnen Krücken.
So mancher nämlich taumelt hier
Und fällt dir in den Rücken.

Ich kann nicht zum Konzert

Ich kann nicht zum Konzert.
Hoffentlich filmt jemand.
Ich finde ein Video.
Super Konzert,
Aber diese ganzen Handys im Publikum nerven.

Auf und davon

Sirenen jaulen draußen auf
Und davon zittert dornig gelber Ginster.
Ich reiße die Gardinen auf
Und davon wird es drinnen doch nur finster.

Im Fernseh'n tauchen Leute auf
Und davon sind die meisten falsch und lügen.
Sie rufen nun zu Kämpfen auf
Und davon lassen einige sich trügen.

Den andern lauern längst sie auf
Und davon sind schon etliche verschwunden.
In mir zieh'n zig Gefühle auf
Und davon reißen viele tiefe Wunden.

Ich träum mit beiden Augen auf
Und davon, dass verdrängt wär', was sie sehen.
Ich pack den Rucksack, setz ihn auf
Und davon, was er trägt, muss ich bestehen.

Leb wohl! Wer flieht, gibt so viel auf
Und davon kann die Seele niemals heilen.
Ich muss hier fort, ich mach mich auf
Und davon.

Entwarnung eines Ruhelosen

Mit Trommelfingern tribbel ich
Und mit den Knien wibbel ich
Und mit dem Hocker kibbel ich
Erst knibbel und dann fibbel ich
Die Nägel, denn ich schnibbel nich
Ich bin halt wirklich hibbelig
Das macht dich vielleicht kribbelig,
Doch glaub mir, so zu sein macht mich zufrieden.

Nutze den Tag nicht

Seit Tagen so geschäftig,
Die Seele ganz vernarbt.
Komm ich heut heim, wird heftig
Der Diem mal gecarpt.

Das Hybride

Mancher braucht die ganz solide,
Klare Kategorisierung
Und es graust ihn das Hybride
Mit der gräulichen Schattierung.

Nur schwarz-weiß – warum denn wählen,
Wo ich nicht zu wählen brauch?
So als „Nur" würd mir was fehlen.
Ich fühl mich so wohl als „Auch".

Gleich wieder ab

Des Wortes Wucht besteht indes
Im so vergnüglich Frechen,
Dem, der sich etwas anmaß, es
Gleich wieder abzusprechen.

Der Rotaugen-Laubfrosch

Dem Rotaugen-Laubfrosch missfiel, wie er hieß,
Das war ihm zu lang und klang außerdem mies.
Bis Bodo, der Braunohren-Drecksolm, ihm half:
Mach's einfach wie ich: Kürz dich ab und heiß Ralf!

Mein braches Ohr

Was ich bräuchte, wäre etwas Luft
Aus der Nähe deines Herzens hinaufströmend,
Günstig geformt von den
Gegebenheiten in deinem Kopf
Und von den Klippen deiner Lippen
Herübergeweht an mein
Braches Ohr
In die Nähe meines Herzens
Oder meinetwegen in die Magengrube.

Was ich aber habe, ist deine
Totale Mundfinsternis –

Der neue Sportschuh

Der neue Sportschuh sitzt bequem,
Er trägt sich wirklich angenehm
Im Bus, an Bord, im Ford,
Auch im Büro und an der Bar,
Im Treppenhaus, beim Seminar –
Womöglich auch beim Sport.

Gebotene Eile

Wir haben keine Zeit zu verlieren, heißt es.
Im Gegenteil!
Wir haben so unglaublich viel Zeit zu verlieren,
Die von der Uhr läuft
Und auf dem Spiel steht.

Auf und nieder

Sanft bewegt zu süßen Träumen
Sich die Wiege auf und nieder,

Seil und Sitzbrett zwischen Bäumen
Trällern schwungvoll Kinderlieder,

Mattes Hängen, bloß nicht landen,
Da man dieses Jetzt für Glück hält,

Hollywood – auf Trend-Veranden
Wippen Sterne in das Blickfeld,

Polsterstühle kippeln schwächlich
Müden Blicks in Richtung Rasen,

Wir verbringen wohl tatsächlich
Schaukelnd alle Lebensphasen.

Ein allzu kurzer Sommer

Von
Ich hatte echt lang die kurze Hose nicht an
Bis
Ich hatte echt kurz die lange Hose nicht an
Waren es nur 5 Wochen.

Work-Life-Imbalance

Von Arbeit und Leistungsdruck stark überfrachtet
Empfind ich am Tag mich als geistig umnachtet.
Am Abend mich endlich zum Ruhen erdreistet
Lieg ewig ich wach und bin nächtlich umgeistet.

Der Geläuterte

Vom unrechten Weg abgekommen
Immer mehr auf die gerade Bahn
Ist mein Leben völlig in die Fugen geraten –
Gescheitere Existenz.

Wird man es je wissen?

Wenn ich das Böse mir genau
(Und wer's zumeist verübt) beschau,
Ist's kaum die Frau.

Ob Mord, ob Krieg – die dunkle Macht,
Die die Gewalt zur Welt gebracht,
Ist manngemacht.

Warum (wird man es je wissen?)
Wächst Unheil aus Geschehnissen
Mit Penissen?

Augen zu und keine Sorge

Es brennt weg, es schmilzt weg, es reißt weg
Der Wetterbericht ist
Wahrgewordene Klima-Dystopie
Präsentiert von Einschlafspray
Und weniger müssen müssen –

Digital detox

Die Welt macht mich fertig, ich muss mich entschlacken,
Entzieh mich dem Alltag, dem Stress und den Spacken
Und hier zwischen Katzenclip, Insta und Tweetblogs
Genese ich gänzlich – dank digital detox.

Decidophobie

Die Dinge sind niemals ganz platt zu betrachten,
Zwei Seiten hat eine Medaille, sagt jeder.
So viel, wie bei allem es gilt zu beachten,
Ist meine Medaille ein Ikosaeder.

Irgendwie beides

Als romantischer Held will ich dir
Die Sterne vom Himmel holen.
Als verlässlicher Partner will ich dir
Den Karren aus dem Dreck ziehen.
Jetzt, da aus dem nächtlichen Grau
Langsam der Große Wagen ausparkt,
– Sieh nur! – schaffe ich irgendwie beides.

Ankündigung

Gefühl, Verstand, ein buntes Mischen,
Mal ist ein Spaß, mal Ernst dazwischen,
So zielt das, was ich schreib, auf viel Applaus.
Doch eines Tages lass ich's bleiben,
Den Kompromiss so fortzuschreiben,
Dann bringt mein Herz ein Soloalbum raus.

Urfelder Polyrattan

Hier, hinter dem Sichtschutzzaun aus Polyrattan,
Zwischen Sandkasten, Schaukel und Planschbecken,
Der Grillgarage und dem Gardena PowerMax,
In der Reißbrett-Oase aus Rollrasen und Rindenmulch,
Mit Vogelhaus und Taubenscheuche,
Stiefmütterchenspalier und Erika,
Sitzen wir
In den Loungeliegen der Gartenserie Casablanca
Und sind froh, dass wir uns entschieden haben
Gegen die Anonymität der Großstadt.

Plötzlicher Besuch

Er hat mir gar nichts ausgemacht,
Dein plötzlicher Besuch.
Die Zeit, die du bei mir verbracht,
Verging doch wie im Fluch.

Wie Weine heißen

Die letzte Plörre, die es gibt,
Heißt „Güldenrebe Burgenedel".
Der Sommelier hingegen kippt
Sich „Primitivo" in den Schädel.

Wohnzimmerbullauge

Es fuhr ein Schiff nach Wesseling,
Zumindest fuhr's nach links.
Für mich, der ich im Sessel hing,
Nicht wichtig allerdings.

Es fuhr ein Schiff wohl nach Shanghai,
Fuhr jedenfalls rechts raus.
Ob doch nur Bonn, war einerlei
Für meinen Blick hinaus.

Sie fuhren halt – nach Rotterdam,
Nach Greenwich oder Grönland,
Nach Koblenz, Konstanz, Vietnam –
Dass immer was vorüberschwamm,
War etwas, das ich schön fand.

Psychologie

Gefühle gehören verarbeitet.
Wie Stahl. Oder Fisch.
Maschinenwälzen im Wesenswerk,
In der Fertigungshalle, am Fließband der
Fabrik Seele.
Am Ende: das Produkt,
Das fehlerfreie, mustergültige,
Einsatzbereite Gut.

Fremd und bekannt

Liegt es daran, dass man mit der Zeit
Entweder einander fremd werden muss
Oder sich selbst,
Dass ich bestens bekannt bin mit uns,
Aber vorm Spiegel manchmal stutze?

Völlig deprimiert

Ich hab in meinem Hals den größten Kloß großgezogen,
Der mir partout nicht von den Schultern fällt.
Im Lebenslotto hab ich wohl das Trostlos gezogen.
Der Glücksspruch riss: „Man ist nicht auf der Welt, –

Du bist wie der kleine Zeh

Du bist
Wie der kleine Zeh,
Den ich mir nicht an der Bettkante stoße –
Ein glücklicher Zufall,
Ein unverhofftes Geschenk,
Dessen wahren Wert ich nie wissen werde,
Unscheinbare Unversehrtheit
Und der bestmögliche Start in den Tag.

Die Macht der Musik

Musik kann uns befördern
An einen andern Ort.
Wenn ich Mark Forster hör, dann
Verzieh ich mich sofort.

Lachen gegen die Angst

Heut Morgen galt: Verborgenhalten
Der vorgemalten Sorgenfalten!
Emporgewallten Moorgestalten
Humorgewalt davorgehalten!

Bist du nett!

Bist du nett! Ein Traum-Charakter!
In dir ist ein längst geknackter
Code zum Glücklichsein und Glückvermehren.
Ohne Ironie und Schlussgag:
Nimm dir gerne einen Kuss weg,
Meinetwegen 'nen imaginären.

Lebensweisheit

An manchem Tag läuft alles ganz beschissen,
Manch andrer ist ein gänzlich wundervoller.
Wer beides kennen lernt, wird bald schon wissen:
Den ersten Fall verspürt man meistens doller.

Wackeldefekt

Sag, kennst du das? Wenn man wie immer am Herd steht
Und einfach die Knöpfe der Platten verkehrt dreht?
Und wenn man sein Handy entsperr'n will und stutzt, denn
Man weiß nicht die Zahlen, die x-fach benutzten?

Und wenn man minutenlang stumpf nur hinausblickt
Und, was man hier tun wollte, gar nicht mehr rauskriegt?
Sag, kennst du das, wenn man den Laptop sich schnappte
Und sich zu erinnern, wofür, nicht mehr klappte?

Sag, kennst du das, dass man sich manchmal erschreckt,
Weil irgendwas fehlt, wie ein Wackeldefekt?
Was offen und klar war, wird plötzlich okkult.
Sag, kennst du die Angst, du wärst plötzlich genullt?

Echt jetzt?

Die Frau kommt vom Friseur und eilt
Zur Arbeit fröhlich, neu gestylet
Und sie fällt auf im Nu.

Und, ja, ihr neues Oben,
Das weiß man auch zu loben,
Doch öfter als „Gefällt's auch dir?"
Begegnet ihr die Frage hier:
„Was sagt dein Mann dazu?"

Lavendel im November

Lavendel im November fröstelt grau wie das Geländer,
Im Pflanzenkübel gammelt übler Matsch.

Die Dielen auf dem Boden haben feinbemooste Ränder,
Von oben tropft ein stetes Plitsch und Platsch.

Die Stühle sind geschützt, doch rosten Sonnenschirm und Ständer,
Sie jetzt noch reinzuholen wäre Quatsch.

Verwittert ist das Arrangement vom wärmeren Kalender
Zur Hässlichkeit mit leicht morbidem Touch.

Möbel für die Seele

Mein Garderobenteil im Flur
Ist neu und mir gefällt's.
Dies Möbel ist auch Seelenkur,
Schafft Platz und *Mäntel hält's*.

Wo die Schönheit liegt

Die Schönheit liegt im Auge des Betrachters, und deswegen
Ist sie bestimmt durch die, die schmachteten.
Wenn ich dich anseh, liegt die Schönheit eindeutig hingegen
In beiden Augen der Betrachteten.

Tourist am falschen Ort

Er stand am großen Wasserfall und guckte,
Wie Wasser kam und sprang und fiel und spuckte
Und wie's mit großer Wucht sich selbst verschluckte.
So stand er da und seine Schulter zuckte:
Ich bin mit Geld hier. Gibt's hier auch Produkte?

Das wär's

Zum Leben brauch ich zweierlei:
Musik und dich. Das wär's. Wobei:
Es reichte, wärest du nur da.
Du kennst die ganzen Lieder ja.

Anleitung

Nimm Leisten und hole
Leim, Riemen und Sohle,
Miss alles im Nu aus
Und so wird ein Schuh draus!

Unproblematischer Besuch

Du fällst gern mit der Tür ins Haus – sympathisch!
Du rennst da offne Türen bei mir ein.
Besuch bei mir ist drum nicht problematisch:
Bring deine eigne Tür mit und komm rein.

Eingebläut

Und wie das Menschlein da so lag,
Die Sinne gleich am ersten Tag
Drauf aus, dass man sie wecke,
Da kamen Rassel, Ball und Bär,
War'n weich und toll und prägten sehr,
War'n blau wie Wand und Decke.

Blau liebt der Bub! Nun schenkt man ihm
Ein kolossales Spielzeugteam,
Und greift er nach dem Trecker,
Dann lächelt ganz bestätigt man,
Die Puppe kommt nach nebenan.
So sind halt die Geschmäcker.

Kaum läuft es, bleibt das Männlein steh'n,
Um alles gründlich anzuseh'n,
Mal Baufahrzeug, mal Blumen.
Der Mund, der beides ihm erklärt,
Beschreibt den Bagger, der dort fährt,
Mit Eifer und Volumen.

Die Augen werden fortan groß,
Brummt irgendwo ein Motor los –
Vergessen sind die Pflanzen.
Im Schultornisterfachgeschäft
Gibt's für das Action-Matheheft
Den Astronautenranzen.

Es fehlen 20 Strophen noch,
(Die Mädchenfassung auch), jedoch
Es lässt sich schon erkennen,
Welch Hinkebein die These kriegt,
Dass alles in den Genen liegt,
Was wir gern „typisch" nennen.

Markt regelt

Soll Wohnungsmarkt-Wettbewerb frei sein,
Wo wohnt dann das schwangere Pärchen?
Bewohnbare Raumzahl soll 3 sein,
Bezahlbarer Wohnraum? Ein Märchen.

Arbeit

An und für sich,
Sagt man,
Arbeite der Mensch gerne.

Leider arbeitet er stattdessen meist
An irgendwas und für irgendwen.

Dreieck Heumar

Die Strichellinienfließband gleitet unter mir vorbei,
Die roten Lichter sind mein Horizont und mein Konvoi.
Die Gegenrichtung ist ein gelblich-weißer, zäher Brei
Und alle ein, zwei Gähner füllt die rechte Spur sich neu.

Ich diesel mich durchs Nieseln wie auf festgeklebten Rädern,
Und oben dreht ein Airbus ab – ich denke „Guten Flug".
Hier vorn am Fahrbahnrand verwest seit Tagen was mit Federn,
Dort hinten stand die Schallwand, die hier kürzlich wen erschlug.

Ich lenke wie im Traum und fürchte all die andern Träumer
Und schau so manchen an, ob er schon schläft oder noch fährt.
Im Spiegelbild verschwindet winzig klein das Dreieck Heumar
Und vorn ist alles, was es gibt, gerädert und geteert.

Gegenliebe

Du darfst dich echt nicht beschweren,
Wenn du das alles zurückkriegst,
Wenn dir das alles um die Ohren fliegt.
Deine ewige Zugewandtheit,
Diese andauernde, sture Hingabe,
Mit der du mir gegenüber agierst,
Wie du mich immer wieder zum Opfer machst
Deines ansteckenden Lachens,
Deine völlig schmerzfreie Verbindlichkeit,
Dieser absolut wirksame Trost
Und – meine Güte! – deine Güte!
Generell diese ganze Art, die du an den Tag legst,
Über die ich nur fassungslos den Kopf schütteln kann.
Pure Provokation!
Ich hoffe, du weißt:
Liebe erzeugt Gegenliebe.

Human Resources

Es wurden allmählich aus manchen der Freunde
So Leute, die prüften für Chefs, wer zu feuern war.
Ich suchte in ihnen vermehrt das Bereu'nde.
Der Rohstoff der Menschlichkeit schien nicht erneuerbar.

Fast gleich

Bei Göttern bist du rigoros,
Verneinst als Spuk sie – bis auf deinen.
Die Ähnlichkeit bei uns ist groß:
Ich lehn dieselben ab – plus einen.

Türen

Wie seltsam beklemmend die Vorstellung ist,
Was wirklich passiert, wenn man etwas vergisst.
Denn irgendwann, ohne die Tragik zu spüren,
Da öffnet und schließt man ein letztes Mal Türen
Zu etwas Erlebtem – dann bleiben sie dicht,
Und dass dort Gewusstes war, wissen wir nicht.

Dann stell ich mir vor, dass, wer einst an mich dachte,
Es auch eines Tages zum letzten Mal machte,
Ich möchte dann klopfen und rütteln am Knauf –
Vergeblich. Die Türe geht nie wieder auf.

Tagebau – Impressionen vom Ende der Welt

Wir fuhren zum Hambacher Braunkohleloch
Und sahen die goldrote Sonne versinken.
Weil nichts hier im Weg steht, kann lange man noch
Das Farbspiel bestaunen und andächtig winken.

Wir blickten hinweg übers endlose Meer
Aus Kraterterrassen und Schaufelradblinken
Und fanden, es taugt diese Erdwüste sehr,
Dass täglich drin riesige Sterne ertrinken.

verRWEchselt

„Klimaterroristen" ist das Unwort des Jahres,
Ist jedoch im Grunde fundiert.
Schau ich in die Welt, hat seine Botschaft was Wahres,
Wird nur immer falsch adressiert.

Tausend Schalen

Manchmal, wenn mein Handy plötzlich klingelt,
Bin ich wie gelähmt und wie umzingelt.

Manchmal, wenn ich Zeit hab, dir zu schreiben,
Fang ich an und lass es dann doch bleiben.

Manchmal, wenn im Treppenhaus wer spricht
Und ich rausgeh'n wollte, geh ich nicht.

Manchmal, wenn Bekannte ich entdecke,
Bieg ich eilig um die nächste Ecke.

Manchmal, wenn wer fragt, was ich heut mache,
Lüg ich und erfinde eine Sache.

Manchmal, wenn ich dich wohin begleite,
Weich ich stumm dir niemals von der Seite.

Manchmal geh ich unter sieben Brücken,
Um vorm hellen Schein mich zu verdrücken.

Manchmal brauch ich um mich tausend Schalen.
Bin wohl etwas phobisch im Sozialen.

Ursprünglich

„…und ursprünglich war'n diese schönen Inseln
Franzosenkolonie…", erzählt die Sendung.
Auch Reise-Dokus malt man noch mit Pinseln
Postimperialistischer Verblendung.

Frequenzillusion

Ich sah dich, fand dich toll, war einfach baff –
Jetzt kann ich ständig überall dich seh'n.
Gespinst und Illusion, die ich nicht raff –
Man nennt das „Baader-Meinhof-Phänomen".

Der Präsident will ans Meer

Wenn der Krieg vorbei ist, will der Präsident ans Meer,
Hat er David Letterman verraten.
Einfach mit 'nem Bier am Strand zu chillen, sagte er,
Gerne zwischen Möwen statt Soldaten.

Wenn der Krieg vorbei ist, will Selenskyj seine Ruhe,
Hat er im Gespräch so angedeutet.
Einfach dort spazieren ohne Angst und ohne Schuhe,
Ohne, dass man ständig bei ihm läutet.

Wenn der Krieg vorbei ist, will Wolodymyr mal schlafen,
Während man ihm Statuen errichtet,
Einfach in die Sandburg weinen, ohne Fotografen,
Während man die neue Hymne dichtet.

Wie kann man das nicht wissen

Manchmal hat der Zufall uns
Willkürlich von einer nahenden
Erkenntnis abgewandt
Und unverschuldet wissen wir etwas nicht –
Es ist völlig an uns vorbeigegangen.

Oft aber liegt die Erkenntnis
Doch unübersehbar mitten auf der Straße,
Keine Chance für Zufälle,
Und ich habe das Gefühl,
Die Leute gehen völlig an ihr vorbei.

Wie bei Bäumen

Dir zeigen (wie bei Bäumen) Dinge,
Seit wann ich dagewesen:
Probier anhand der Augenringe
Mein Alter abzulesen.

Geist

Längst stank schon neuer weißer Rauch im Schlot,
Da hat er, spukend, Böses noch beworben.
War Benedikt der 16. auch tot,
So ist er heut – zum letzten Mal – gestorben.

Tacheles

Ich will mit dir endlich mal Tacheles reden,
Nicht immer nur flüchtig, in Eile.
Die Freundschaft hat sichtungsbedürftige Schäden,
Wir müssen uns Zeit nehmen, tacholos reden,
Bevor sie zerbricht in zwei Teile.

Leistungsträger

Wo's ein Ziel gab, war ich Jäger,
Kämpfte Jahr um Jahr.
Heute bin ich leistungsträger
Als ich's früher war.

Die Lüge als Ausweg schien weise

Mich fragte ein Mister aus Texas,
Der abends bei Tromsø an Deck saß
Und hörte, mein Job ist das Lehren,
Was denn meine Lehrfächer wären.

„It's German and…" – Ups! Mir war schon klar,
Dass ihm, der nativ anglophon war,
Ich unmöglich „…English" konnt' beichten
Mit meinem Akzent (einem leichten).

Die Lüge als Ausweg schien weise,
Drum sagte "…and music" ich leise,
War knapp den Blamagen entflohen,
Die Fremdsprachenlehrern schnell drohen.

„And music?", rief voll Temperament er
Und fragte, was mein Instrument wär',
Er selbst habe Geige und Flöte
Studiert und sei gut in Trompete.

Gefragt nach der schönsten Kantate
Und nach meiner Lieblingssonate
Gab kleinlaut ich zu, über Klassik
Sei das, was ich wisse, nicht massig.

Auch sei ich jetzt kein Virtuose,
Mein Spiel sei das lockere, lose,
Halt etwas Gitarrenakkorde,
Mehr brauche es nicht für die Horde.

Musik sei, musst' rasch ich erklären,
In Deutschland sehr einfach zu lehren,
Man brauche von Noten nichts blicken
Und auch nichts von Beethovens Stücken.

Das fand er – zu Recht! – kaum zu fassen,
Stand auf, um das Deck zu verlassen,
Und sagte: „Nice meeting you! Hey,
Your English is great, by the way."

Hört, was euch erwartet

Wenn ich einst die Segel streiche
Und im Haushalt meiner Leiche
Ihr zu stöbern startet,
Um so manchen Schatz zu heben
Und, was wegkann, wegzugeben,
Hört, was euch erwartet:

Weder bin ich gut gewesen,
Kleingedrucktes auch zu lesen
Dessen, was ich buchte,
Noch fand je ich Dokumente
Über Bank und Job und Rente
Da, wo ich sie suchte.

Auch empfahl man stets vergebens
Von den Fotos meines Lebens
Backups mir zu machen.
Zettelwust an allen Fronten,
Überfüllte E-Mail-Konten –
Lauter solche Sachen.

Wenn ich einst der Welt entschwinde,

Hoffe ich, ihr findet Gründe,

Trotz genannter Grauen

Mir mit großem Wohlbehagen

Ob der Dinge, die mir lagen,

Hinterherzuschauen.

Blumendilemma

Es ist zum Verzweifeln, ich wollte dir morgen
Nach langer Zeit wieder mal Blumen besorgen,
Und just sagst du (nicht ohne Anklage) heute,
Wie sehr dich mal wieder ein Blumengruß freute.

Jetzt sitz ich hier, ratlos, und grüble und fluche:
Wenn ich dich nun morgen mit Blumen besuche,
So wie es geplant war, dann wirkt es geordert,
Als schenkte ich Blumen nur, weil man sie fordert,

Doch wenn ich „Ich wollte ja! Morgen!" dir sage,
Dann wäre das auch dubios, keine Frage.
Ich blicke genervt aufs Dilemma und meine,
Wenn das die Optionen sind, schenk ich dir keine.

Zweideutiger Abschiedsgruß

V̌IELE FREUNDE VOR DIR WAREN
                      LÄSTIGER, ALS DU ES BIST
WERTVOLLER IN ALL DEN JAHREN
                      NIE EIN FREUND GEWESEN IST
OH, ICH KÖNNT DEN HIMMEL KÜSSEN
                      WENN ICH DICH TAGTÄGLICH SEH
DASS WIR UNS BALD TRENNEN MÜSSEN
                      ACH, WIE TUT MEIN HERZ DA WEH
TRAUER WIRD MICH GANZ VERNICHTEN
                      HAB ICH DEINE NÄHE NICHT
MUSS ICH NICHT AUF DICH VERZICHTEN
                      SCHIEßT MIR FREUDE INS GESICHT
KÜNFTIG WERDE ICH VERMISSEN
                      ALLES, WAS DU TATEST HIER
NICHTS VON DIR, DAS MUSST DU WISSEN
                      WAR EIN DORN IM AUGE MIR
SICHER, DASS ICH VON DIR ALLES
                      TIEF IM HERZEN BEI MIR SPÜR
SCHNELL VERGESS IM FALL DES FALLES
                      ICH DICH NICHT, DAS SCHWÖR ICH DIR.

Verlust

Wer wird auf unsern Runden
Treu trippelnd uns begleiten?
Du Bester bist entschwunden.
Die Zeit heilt alle Wunden?
Der Hund weilt alle Zeiten.

Lebenszeichen

Wie sehr du lebtest, merkte ich, nachdem
Die Chance dir nah zu sein sich nie mehr bot.
Ein altes philosophisches Problem:
Das stärkste Lebenszeichen ist der Tod.

Man müsste

Man müsste sich öfters bewegen,
Man müsste mal Hobbies betreiben,
Man müsste sich was überlegen,
Man müsste den Freunden mal schreiben,
Man müsste mehr kauen beim Essen,
Man müsste mal Geld überweisen,
Man müsste sich weniger stressen,
Man müsste ausgiebiger reisen,
Man müsste den Kleiderschrank lichten,
Man müsste den Kühlschrank mal abtau'n,
Man müsste die Dinge gewichten,
Man müsste vorm Frühjahrsputz abhau'n,
Man müsste in Frieden sich üben,
Man müsste den Aufstand mal proben,
Man müsste das Loben mehr lieben,
Man müsste die Liebe mehr loben,
Man müsste Gemüse mal dämpfen,
Man müsste mal selber was pflügen,
Man müsste für Arterhalt kämpfen,
Man müsste vom Auto zu Zügen,
Man müsste zur Wortwaffe greifen,
Man müsste sich kümmern, nicht sorgen,
Man müsste den Schlussscherz noch schleifen,
Man müsste und kann ja auch – morgen.

Danke für dein Ohr

Als Mitglied der reimenden Zünfte

Bedanke ich mich für dein Ohr.

Dies Büchlein war nun schon das fünfte,

Die ersten vier kamen davor.

Du kannst sie dir alle noch ordern,

Wenn solche Lektüre dich reizt.

Ich würde das nie von dir fordern.

Schau selbst, wo du hilfst und wo geizt.